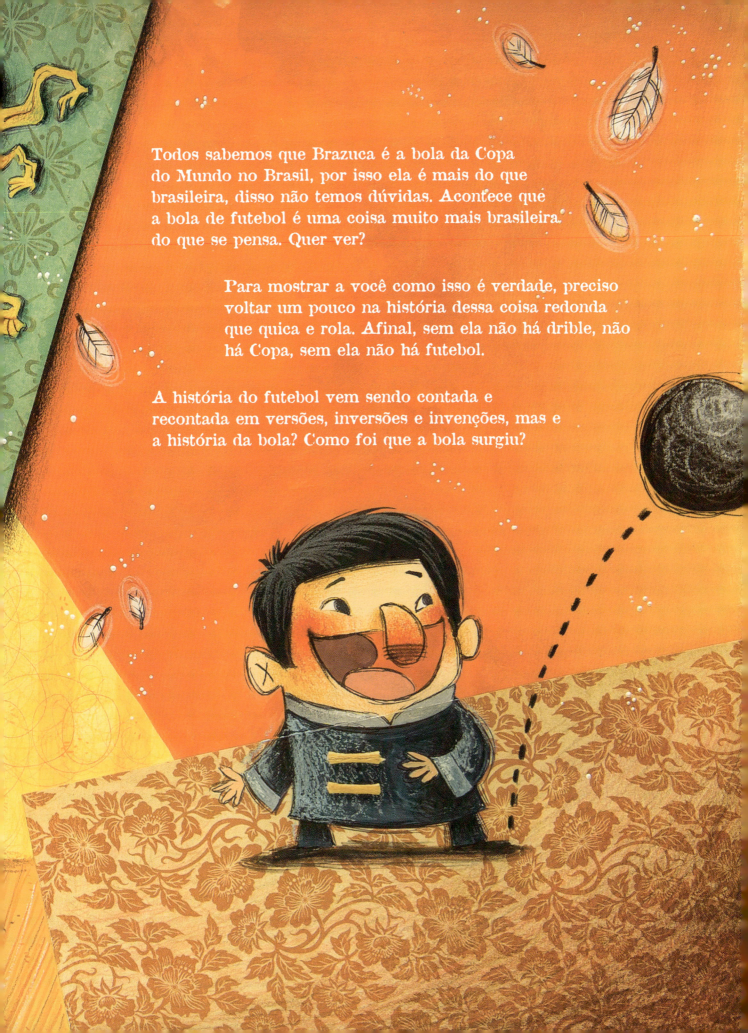

Todos sabemos que Brazuca é a bola da Copa do Mundo no Brasil, por isso ela é mais do que brasileira, disso não temos dúvidas. Acontece que a bola de futebol é uma coisa muito mais brasileira do que se pensa. Quer ver?

Para mostrar a você como isso é verdade, preciso voltar um pouco na história dessa coisa redonda que quica e rola. Afinal, sem ela não há drible, não há Copa, sem ela não há futebol.

A história do futebol vem sendo contada e recontada em versões, inversões e invenções, mas e a história da bola? Como foi que a bola surgiu?

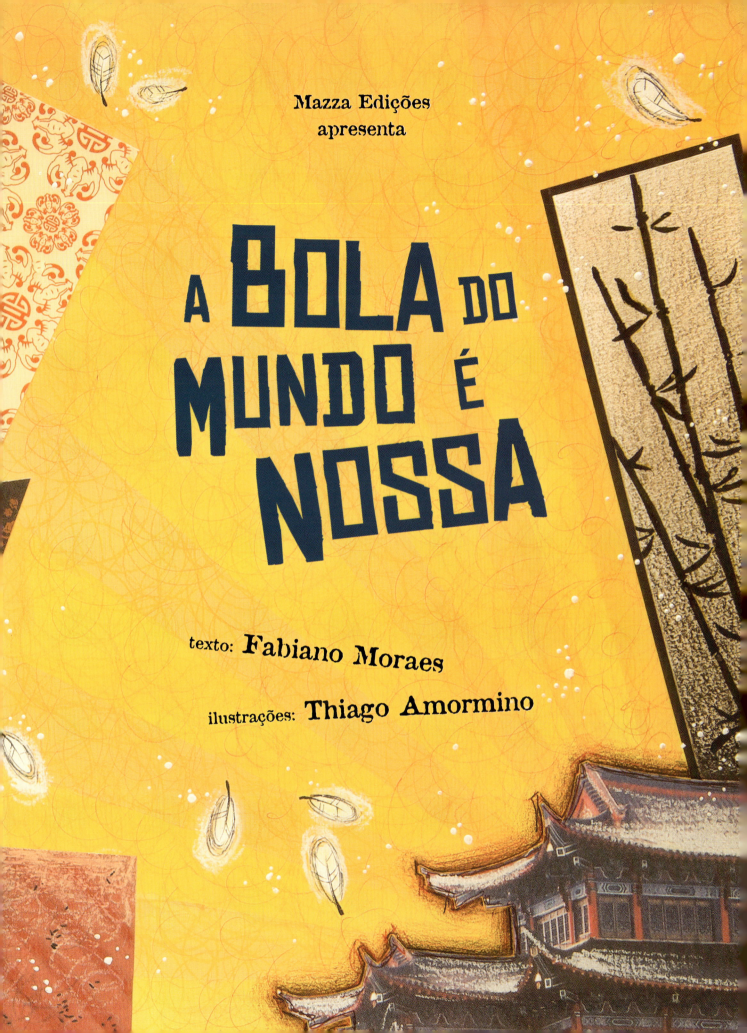

Mazza Edições apresenta

A Bola do Mundo é Nossa

texto: **Fabiano Moraes**

ilustrações: **Thiago Amormino**

Dizem que a bola nasceu na China há mais de dois mil anos. Só que a bola chinesa era muito diferente da bola que hoje nós conhecemos. Embora ela fosse feita de couro (como até hoje as bolas são feitas), seu recheio, seu miolo, era feito (imagine!!!) de penas. Isso mesmo.

Agora pense num chute bem forte, explosivo mesmo, uma bomba daquelas batida de dentro da pequena área. Se a bola estourasse com o chutaço, o goleiro que tomasse o frango ia ter que catar as penas perdidas dentro do gol. Que vergonha!!

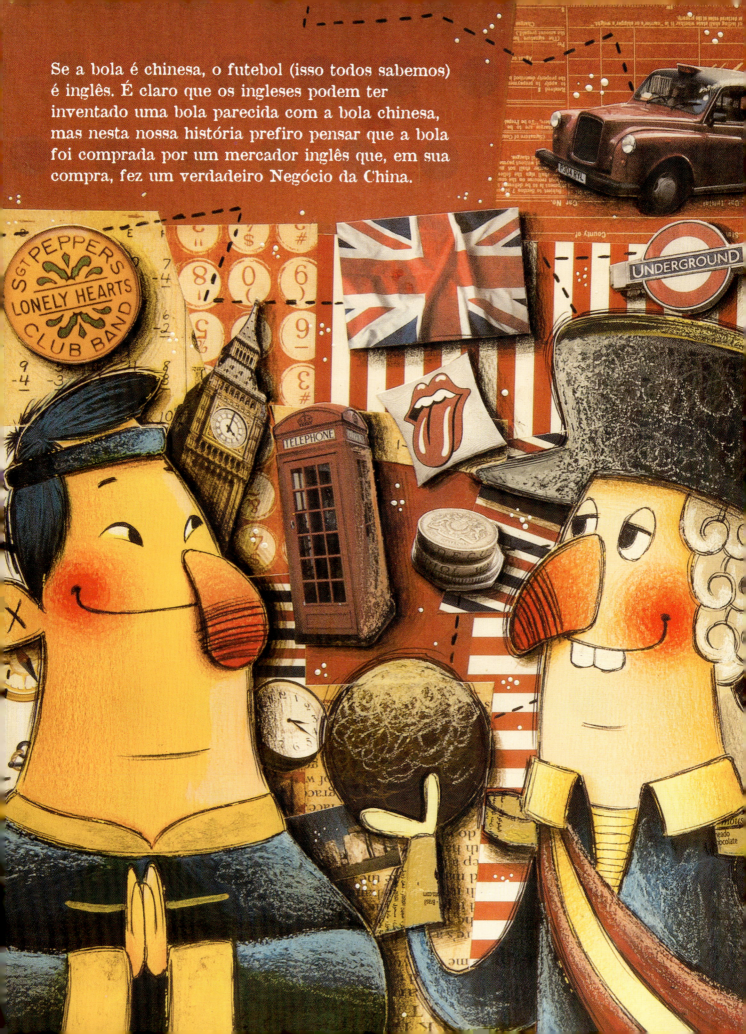

Se a bola é chinesa, o futebol (isso todos sabemos) é inglês. É claro que os ingleses podem ter inventado uma bola parecida com a bola chinesa, mas nesta nossa história prefiro pensar que a bola foi comprada por um mercador inglês que, em sua compra, fez um verdadeiro Negócio da China.

Então, para que o frango não entrasse no gol com pena e tudo e para que a bola ficasse mais leve, os ingleses passaram a usar por dentro do couro uma bexiga de boi cheia de ar. Daí que alguém pode vir me perguntar o que é uma bexiga. E pode até responder de supetão, ou sem pensar muito sobre o assunto, que bexiga é uma bola de soprar.

Nesse caso eu diria: errado.

Naquele tempo, na Inglaterra, ninguém conhecia a borracha que hoje é usada para fazer bolas de soprar. A bola de soprar se chama bexiga justamente porque se parece com a bexiga do corpo humano. "Yes, nós temos bexiga", que é a parte do corpo onde o xixi fica guardado antes de ser colocado para fora.

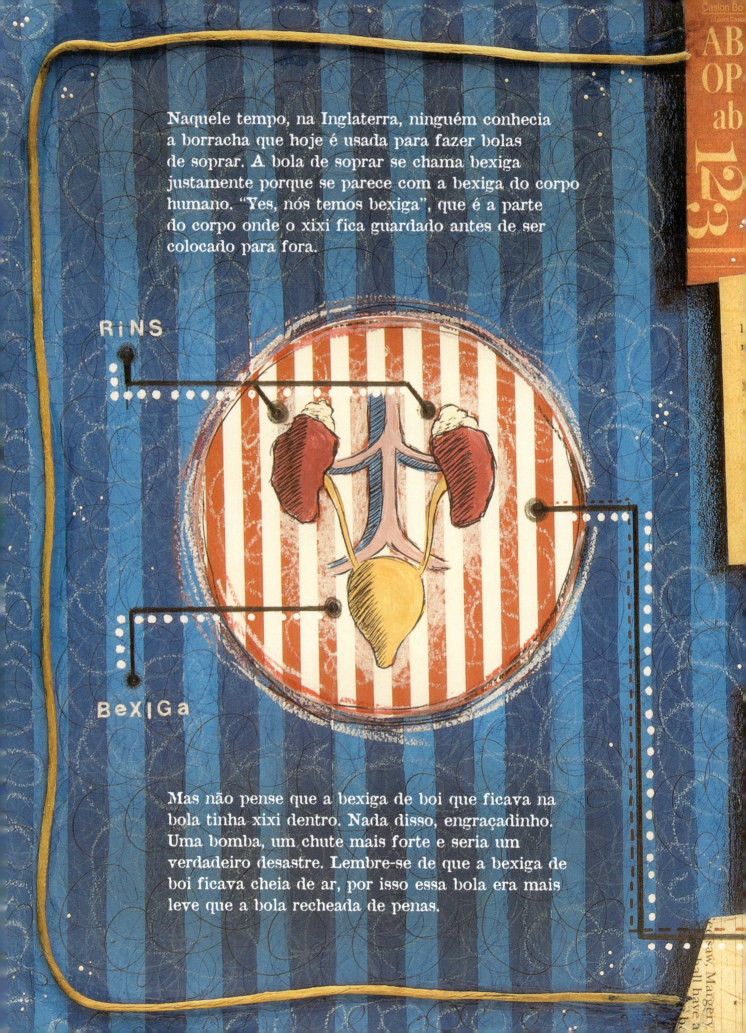

RiNS

BeXiGa

Mas não pense que a bexiga de boi que ficava na bola tinha xixi dentro. Nada disso, engraçadinho. Uma bomba, um chute mais forte e seria um verdadeiro desastre. Lembre-se de que a bexiga de boi ficava cheia de ar, por isso essa bola era mais leve que a bola recheada de penas.

O tempo passou e, em 1930, na primeira Copa do Mundo, que aconteceu no Uruguai, a bola de couro já tinha uma câmara de ar feita de borracha, como aquela que fica por dentro dos pneus dos carros e das bicicletas.

Mas como foi que surgiu a borracha?
Como foi que a bola sofreu essa evolução?

É exatamente nesse ponto que entra a contribuição dos povos indígenas, pois, como eu já disse, as bolas de futebol atuais são muito mais brasileiras do que se pensa. Que dirá a nossa Brazuca!!!

3º USA

Pois fique sabendo que, se a bola
quica como quica, rola como rola, isso
acontece graças a uma invenção e a
uma tecnologia criada pelos índios da
Amazônia: a borracha.

A bola nasceu entre os índios. Desse
jeito nasceram os mais longínquos
tatatatatatataravôs de Brazuca.

É que os índios da Amazônia, além de
terem inventado a borracha e muitas
outras coisas feitas de borracha,
inventaram também a bola de borracha.
Ou seja, a bola de borracha cheia de ar
nasceu no Brasil. Isso mesmo. Aposto
que para você isso é novidade.

Foi bem assim: no meio da floresta amazônica já existia, desde muitos milhares de anos, uma árvore chamada seringueira (a mangabeira e outras plantas também produzem seivas usadas para fabricar bolas de látex em outras regiões). Pois os nossos antepassados indígenas tiraram dessa árvore uma seiva branca e, com ela, produziram a borracha.

E com a borracha, eles deram de inventar uma bola que, quando estava cheia de ar, quicava e quando estava cheia de água, era só apertar que esguichava o líquido para bem longe como uma seringa (daí o nome seringueira dado à árvore com que mais se produz borracha).

A bola de borracha cheia de ar era usada em diversos jogos. Um deles ainda existe e é jogado com a cabeça, o Futebol de Cabeça, chamado Xikunahity (se você quer saber como se diz, é algo como "zikunariti").

É um jogo de equipes, como o futebol, mas nele não se pode usar as mãos, os pés nem outra parte do corpo a não ser a cabeça. Deve ser bem difícil de jogar, não é? Pois mesmo quando a bola está no chão, ela tem que ser lançada com a cabeça.

Esse jogo é disputado em torneios indígenas em campos de terra batida (que é para a bola quicar mais). As bolas usadas são feitas pelos índios com o látex da seiva de mangabeira.

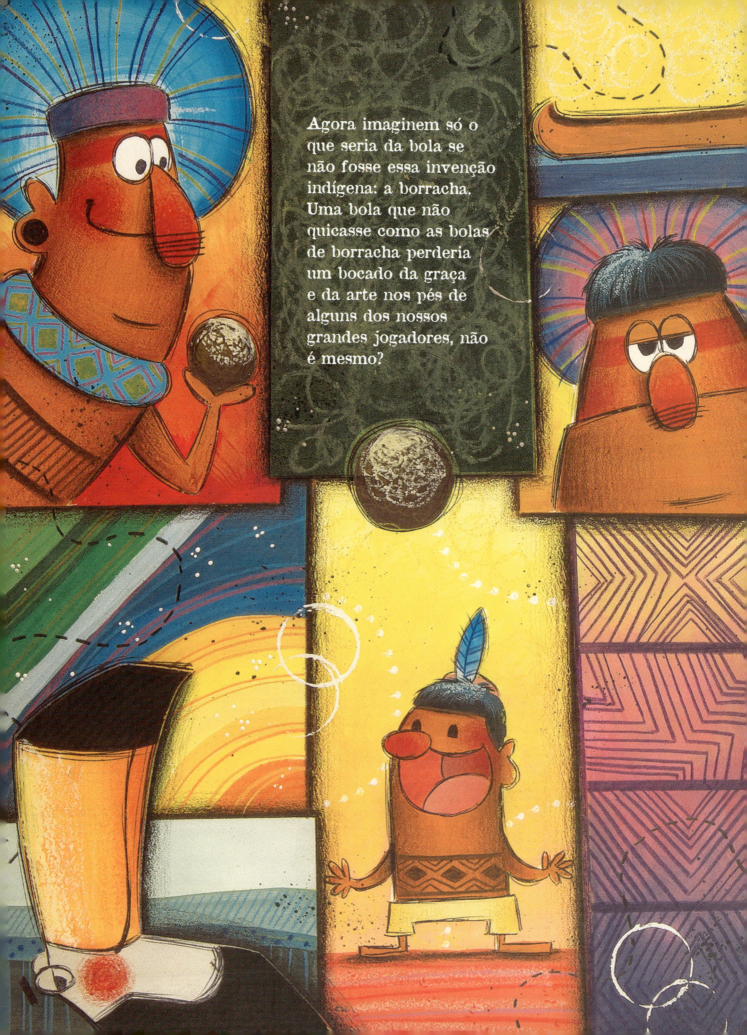

Mas a história de Brazuca não para por aí. É que, quando a bola deu de quicar pra valer, por ser feita de borracha, foi preciso certa arte para que ela fosse quicada de um jeito que dançasse, bailasse e até mesmo se curvasse aos pés de quem entende da arte.

Para sabermos como foi que a bola se curvou, dançou e bailou, precisamos nos lembrar de uma importantíssima personagem da história do nosso povo que deve ser, cada vez mais, aprendida nas escolas do Brasil e divulgada pelos meios de comunicação: a Rainha Njinga Mbande (Rainha Ginga).

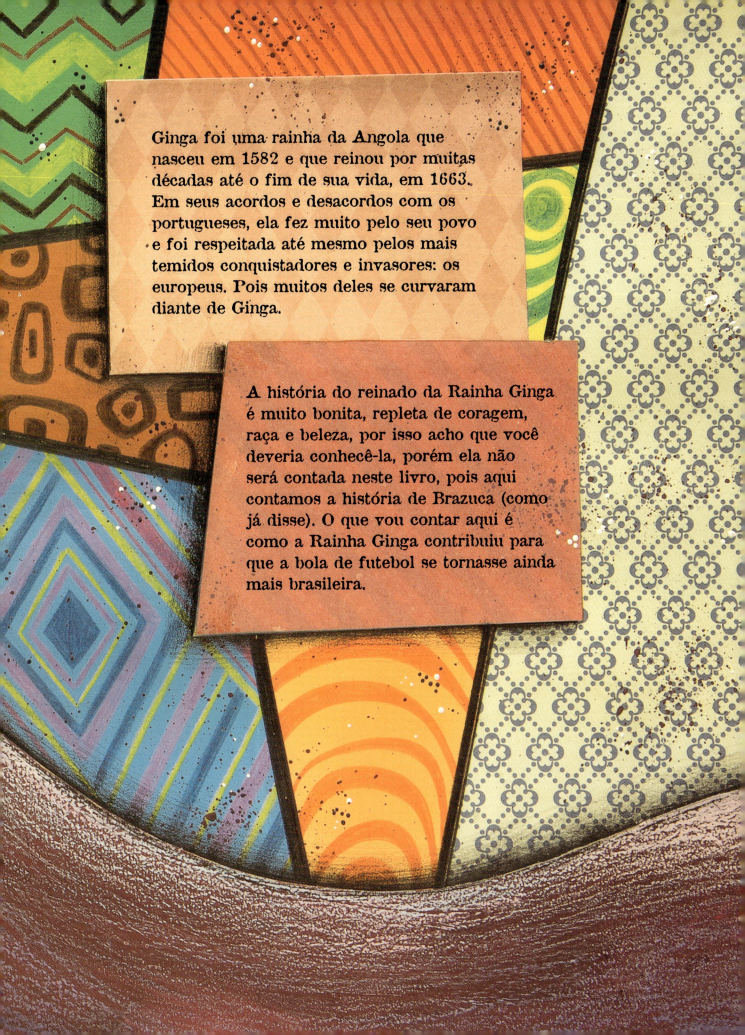

Ginga foi uma rainha da Angola que nasceu em 1582 e que reinou por muitas décadas até o fim de sua vida, em 1663. Em seus acordos e desacordos com os portugueses, ela fez muito pelo seu povo e foi respeitada até mesmo pelos mais temidos conquistadores e invasores: os europeus. Pois muitos deles se curvaram diante de Ginga.

A história do reinado da Rainha Ginga é muito bonita, repleta de coragem, raça e beleza, por isso acho que você deveria conhecê-la, porém ela não será contada neste livro, pois aqui contamos a história de Brazuca (como já disse). O que vou contar aqui é como a Rainha Ginga contribuiu para que a bola de futebol se tornasse ainda mais brasileira.

Dizem que, depois de sua morte, sete mil de seus soldados foram escravizados pelos portugueses e trazidos para o Brasil.

E como esses bravos e formidáveis guerreiros de Angola tinham um jeito próprio e único de dar voltas com o corpo em suas danças e em suas lutas de resistência, seus meneios e volteios ficaram logo conhecidos pelo gracioso e honroso nome de *ginga*.

Foi por esse nome glorioso que essa arte de bailar e esse modo de lutar dos nossos antepassados negros ficou conhecido. Se você quiser conferir, basta ir a uma roda de samba ou de capoeira que você vai logo ouvir dizer da ginga do samba ou da ginga da capoeira.

Acontece que, quando os descendentes dos povos africanos cheios de ginga tocaram seus pés nos bisavós de Brazuca que chegaram ao Brasil junto com o jogo de futebol e que aprenderam a quicar com a borracha dos índios, surgiu um jeito novo de jogar bola e de fazer futebol. Um jeito só brasileiro. Nasceu a ginga do futebol.

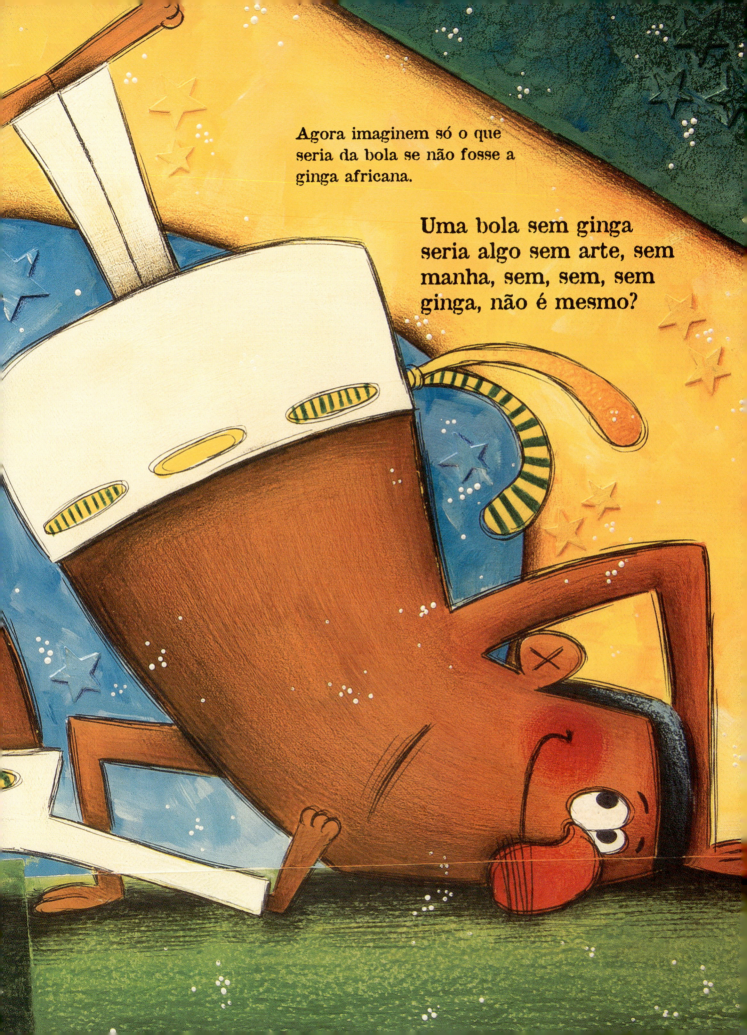

Agora imaginem só o que seria da bola se não fosse a ginga africana.

Uma bola sem ginga seria algo sem arte, sem manha, sem, sem, sem ginga, não é mesmo?

Foi assim que a bola de couro chinesa, recheada de ar pelos ingleses, recebeu a borracha dos índios e, quicando e rolando pra valer, curvou-se diante de uma arte africana que veio para o Brasil: a ginga.

Enfim, se a bola de borracha nasceu aqui entre os índios brasileiros, a ginga nasceu aqui entre os negros brasileiros e tudo isso se uniu em um esporte europeu que, no nosso País, ganhou um jeito que só o brasileiro tem de jogar, podemos ter a certeza de que Brazuca, a bola da Copa do Mundo no Brasil, é mais do que brasileira.

Brazuca é Brasil.
A bola da vez.

Copyright © 2014 Fabiano Moraes
Todos os direitos reservados.

Ilustrações e Design:
Thiago Amormino

Revisão: Ana Emília de Carvalho

Fotografias: Sylvio Coutinho

M827a Moraes, Fabiano.
  A bola do mundo é nossa / Fabiano Moraes; ilustrações: Thiago Amormino. – Belo Horizonte : Mazza Edições, 2014.
  36p. : il.
  ISBN: 978-85-7160-626-5
  1. Literatura infantojuvenil brasileira. I. Amormino, Thiago. II. Título.

  CDD: 808.068
  CDU: 821.134.39810-93

Mazza Edições
Rua Bragança, 101 - Pompeia
30280-410 Belo Horizonte - MG
Telefax: 31 3481 0591
www.mazzaedicoes.com.br
edmazza@uai.com.br

FABIANO MORAES Doutorando em Educação, Mestre em Linguística e Graduado em Letras-Português pela Universidade Federal do Espírito Santo [UFES], Professor de Graduação e Pós-Graduação, Diretor de Comunicação do Instituto Conta Brasil, Pesquisador associado da Roda de Pesquisadores da Associação de Leitura do Brasil [ALB-Unicamp]. Idealizador do site Roda de Histórias (premiado pelo Ministério da Cultura [MinC]), pertence ao Comitê Editorial da Revista Linha Mestra (Unicamp), escritor e narrador tendo publicado livros infantis e técnicos por diversas editoras bem como artigos em periódicos científicos e de divulgação científica nas áreas de leitura, narração e educação.

foto: Antonio Carlos Sessa Neto

THIAGO AMORMINO Graduado em Design Gráfico pelo Centro Universitário UNA, estagiou e trabalhou em agências de publicidade e design antes de se dedicar exclusivamente a carreira de ilustrador freelancer. Seus primeiros livros ilustrados foram "Cheirinho de Neném", de Patrícia Santana (Mazza Edições/2011) e "O Mundo das Pessoas Coloridas", de Caio Ducca (Mazza Edições/2012), que entrou para a "Seleção Estadinho: os melhores livros do ano" na edição de 2012.

foto: Luiz Pontel